のどごし自慢の

絶品そうめん

満留邦子

成美堂出版

目次

二章 冷たいかけそうめん

ぶっかけ

冷やかけ

三章 温かいそうめん

汁めん

煮込みめん

目次

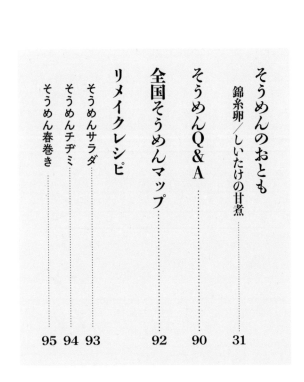

この本の使い方

◎そうめんは基本的に1束50gのものを使っています。ゆで時間を特に書いていない場合は、袋の表示通りにゆでてください。「硬め」と書いてある場合は、ゆで方のページ（➡p.6）を参考にしてください。

◎材料や作り方に表示している小さじ1は5㎖、大さじ1は15㎖、1カップは200㎖です。

◎塩は天然塩、砂糖は上白糖を使用しています。

◎野菜やきのこ類は皮をむく、ヘタや種、筋を取る、根元や石づきを切り落とすなどの下ごしらえをすませてからの手順としています。

◎基本のだし汁はかつおと昆布でとったものです（➡p.9）。

使用しているめんつゆ類

市販のめんつゆは基本的に3倍濃厚タイプ（A、B）とストレートタイプ（C）を使用しています。また、レシピによっては白だし（D）も使っています。市販品でも手作り（➡p.8）したものでも、どちらを使ってもかまいません。

A

B

C

D

そうめんの基本

湯の量

そうめん2束（100g）をゆでるなら、湯は1ℓ以上が目安。吹きこぼれないように大きめの鍋を使います。

ゆで方

のどごしやコシ、歯切れのよさは、ゆで方次第。再沸騰までは強火でゆで、最後にぬめりを落とします。

鍋に湯を沸かし、そうめんをパラパラと入れ、強火にする。そうめんがくっつかないように、すぐに菜箸でほぐす。

再び沸騰したら、そうめんが踊るくらいの火加減で吹きこぼれないようにゆでる。

表示通りにゆでる場合
1分30秒 ~ 2分

さらに加熱調理するので
硬めにゆでる場合
45秒 ~ 1分

時間になったらざるに上げ、水を張ったボウルに入れて冷やし、手早く粗熱を取る。

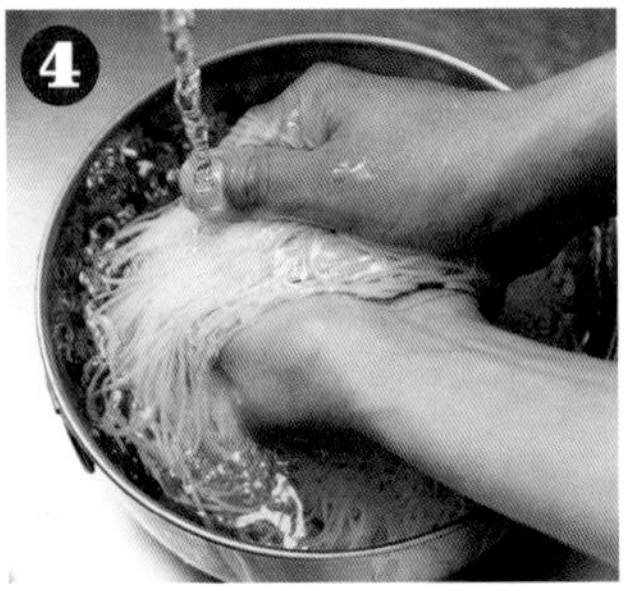

再びざるに上げ、水を捨てた❸のボウルに戻し、流水でもむようにしてぬめりを洗う。冷たくしたいときは、最後に氷水に通して引きしめる。

ざるに上げて水けをきる。ギュッと絞ると水ぎれがよくなる。

ひもで結ぶゆで方

流れる水や波のような形に盛りつけたいときは、束の端をひもで結んでゆでます。

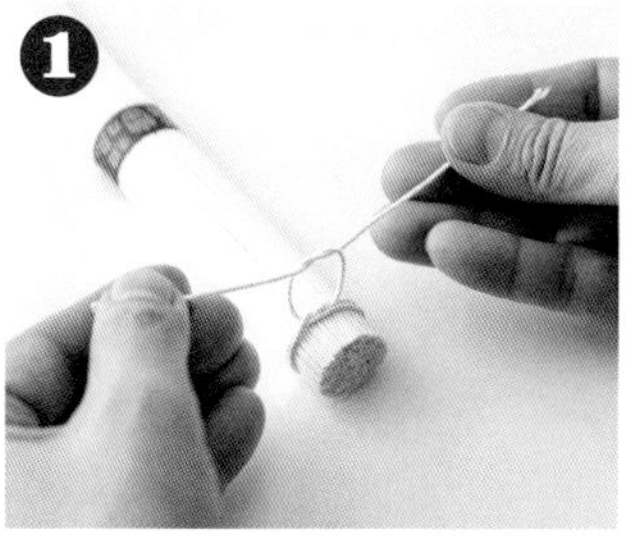

1 そうめんの帯をほどく前に、一方の端をたこ糸などでしっかり結ぶ。

2 鍋に湯を沸かし、1束ずつ、結び目のほうから湯に入れる。菜箸でほぐし、p.6の❷～❹と同じようにしてゆで、流水で洗う。

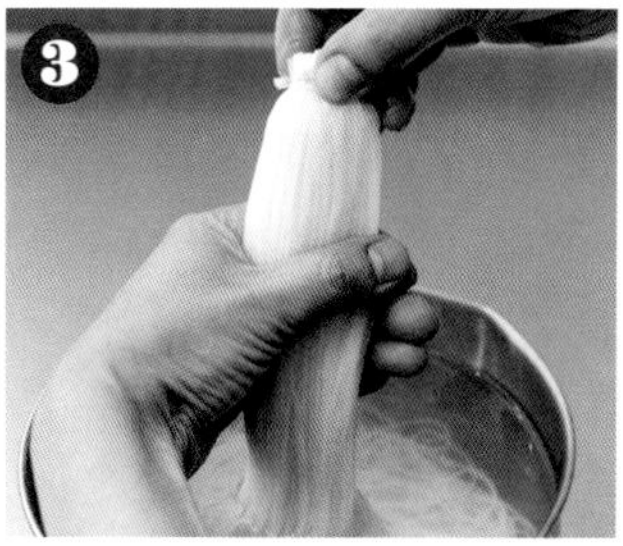

3 結び目を持って水から引き上げ、上から下へ、束に含まれた水をしごき出す。

4 結び目から2～3㎝離してそうめんを切り、束をくずさないように盛りつける。

折って煮込む

だし汁や煮汁で直にそうめんを煮込むときは、火が通りやすいように半分に折るか短い温麺《うーめん》（↓p.92）を使うことがあります。

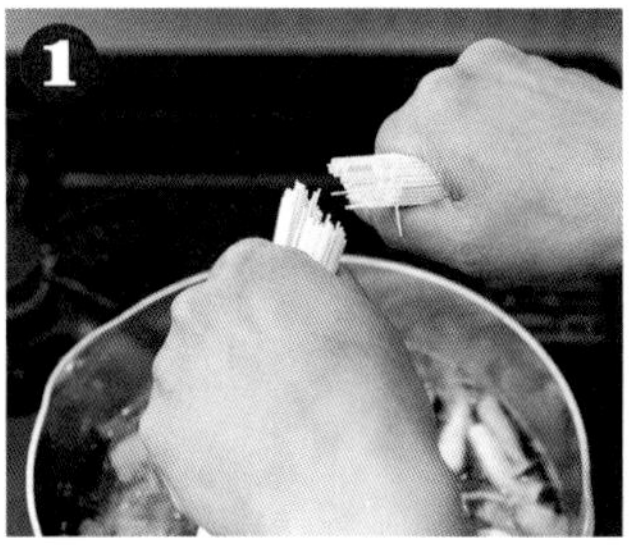

1 そうめんは火が通りやすいように、鍋に加える前に半分に折る。

2 沸いている煮汁にパラパラと加え、めんがくっつかないように菜箸でほぐす。再び沸騰したら、軽く沸き立つくらいの火加減で吹きこぼれないように調節して煮る。

3 めんに透明感が出たらOK。煮る時間はそうめんなら1分30秒～2分、温麺なら2分30秒～3分が目安。

差し水はしなくていいの？

ゆでるとき、吹きこぼれそうになったらおちょこ一杯の差し水（びっくり水）をする、と昔からいわれていますが、これはカマドを使っていた頃の名残。今は火力調整ができますし、大きめの鍋を使えば必要ありません。

温かいそうめんにするときも水で洗うの？

にゅうめんなど温かくして食べるときも、そうめんがゆで上がったら水で洗います。食感を引きしめ、塩分やぬめりを洗い流すためです。その後、水けをきってから熱湯を回しかけて温めます。

手作りのめんつゆとだし

つけづゆもかけづゆもほとんどの場合、味のベースはめんつゆです。使い慣れた市販品もいいけれど、手作りのおいしさは格別!

めんつゆの作り方

3倍濃厚タイプ

使うときは2倍量の水で薄めるのが基本。濃厚なコクが特徴。

材料(でき上がり約2カップ分)

削り節……20g
昆布(1〜1.5cm四方に切る)……10g
しょうゆ・みりん……各1カップ
酒……1/2カップ
砂糖……大さじ2

作り方

1 鍋に材料をすべて入れて中火にかけ、煮立ったら弱火にして5分煮る。

2 万能こし器やざるなどでこし、だしがらを軽く押して搾る。

◎保存/冷蔵で約2週間

ストレートタイプ

クリアな味わい。つけづゆやぶっかけ、汁めんに。

材料(でき上がり約2と1/2カップ分)

だし汁(かつおと昆布のだし汁。左ページ参照)……2カップ
みりん……1/2カップ
Ⓐ しょうゆ・うす口しょうゆ……各1/4カップ
　砂糖……大さじ1
削り節……10g

作り方

1 鍋にみりんを入れて火にかけ、沸騰させてアルコール分を飛ばす。

2 だし汁、Ⓐを加え、沸いてきたら削り節を加え、再び煮立ったら火を止め、ざるなどでこす。

◎保存/冷蔵で3〜4日間

だしのとり方

かつおと昆布のだし汁

かつおの香りが高く、何にでも合う万能だし。

材料（でき上がり約4カップ分）

水……1ℓ
削り節……20g
昆布……10g

作り方

分量の水に昆布をつけて1時間ほどおく。時間があれば冷蔵庫に一晩おく。

弱火にかけ、煮立ち始めたら昆布を取り出し、削り節を加える。一煮立ちしたらアクを取り、ざるなどでこす。

◎保存／冷蔵で3日間

煮干しと昆布のだし汁

いわしの濃厚なコクがしっかりした味つけとよく合う。

材料（でき上がり約4カップ分）

水……1ℓ
煮干し……20g（頭とワタを取って半分に裂く）
昆布……10g

作り方

分量の水に煮干しと昆布をつけ、1時間ほどおく。時間があれば冷蔵庫で一晩おく。

中火にかけ、煮立ったらアクを取り、弱火にして5分煮てからざるなどでこす。

◎保存／冷蔵で3日間

盛りつけのヒント

真っ白なそうめんが入った鉢に青もみじなどを浮かべると一段とみずみずしくなります。おもてなしにも使える、簡単で効果的なテクニック。

夏のもみじはきれいなグリーン

オクラの薄切りを七夕の星に見立てて

食感のアクセントにもなるきゅうり

皮を縞にむいてから小口切りにしても

つゆを楽しむ

おなじみのつゆもおいしいけれど、たまには新しい味もうれしいですね。2種類あると飽きずにいくらでも食べられます。

芽かぶつゆ

磯の香りととろみがつゆの味と口当たりを一変させます。

材料と作り方（2人分）

めんつゆ（ストレート）1カップを器に入れ、**刻み芽かぶ**（味つけなし）2パック（40g×2）を加える。

温玉つゆ

温泉卵を加えるだけで、味もボリュームも満足感が違います。

材料と作り方（2人分）

めんつゆ（ストレート）1カップを器に入れ、**温泉卵**2個を割り入れる。

辛おろしつゆ

大根おろしとトウバンジャンを混ぜ、手軽に紅葉おろし入りのつゆに。

材料と作り方（2人分）

大根4cmをすりおろして水けを軽くきり、**トウバンジャン**小さじ1/2を混ぜ、**めんつゆ**（ストレート）1カップに加える。

納豆つゆ

ひきわりなら刻む手間が省け、混ぜれば完成。

材料と作り方（2人分）

めんつゆ（ストレート）1カップを器に入れ、**ひきわり納豆**2パックを加える。

トマトつゆ

トマトのグルタミン酸のおかげで格段においしくなります。

材料と作り方（2人分）

トマト（小）1個はヘタを取って5～7mm角に切り、**めんつゆ**（ストレート）1カップに加える。

豆乳つゆ

濃縮タイプのつゆを豆乳で割ると、とろみとコクが出ておいしい！

材料と作り方（2人分）

めんつゆ（3倍濃厚）60mlと**豆乳**（無調整）120mlを混ぜる。

刻みオクラつゆ

オクラをゆでて
刻むととろみが出て、
のどごしなめらかに。

材料と作り方（2人分）

オクラ4本はガクの周りをクルリとむく。鍋に湯を沸かし、オクラに**塩**少々をこすりつけてからさっとゆで、冷水に取る。水けをきって小口切りにし、**めんつゆ**（ストレート）1カップに加える。

アボカドつゆ

意外な相性のよさに
びっくり！
そうめんに
よくからみます。

材料と作り方（2人分）

めんつゆ（ストレート）1カップを器に入れ、**アボカド**1/2個をフォークでつぶして加える。好みで**わさび**少々を加えても。

ごまつゆ

「練り」と「すり」の
ダブルごま使いで
コクを出します。

材料と作り方（2人分）

ボウルに**練りごま**（白）小さじ2を入れ、**めんつゆ**（ストレート）1カップを少しずつ加えて混ぜ、器に注いで**すりごま**（白）少々をふる。

ザーサイつゆ

パクチー、ザーサイ、
ラー油。
中華風味が
そうめんにマッチ！

材料と作り方（2人分）

めんつゆ（ストレート）1カップを器に入れ、**ザーサイ**（味つき）のみじん切り15g、**パクチー**2～3本のみじん切りを加え、**ラー油**適量をたらす。

たたき長いもつゆ

すりおろすより
ラフに砕いた
不ぞろいな
食感がいいんです。

材料と作り方（2人分）

長いも100gは皮をむき、**酢水**に5～10分つけてアク抜きする。適当な大きさに切ってポリ袋に入れ、袋の上から瓶やすりこぎでたたいて砕く。**めんつゆ**（ストレート）1カップに加える。

にら月見つゆ

にらの香りと
うずら卵のコクと
パンチのあるつゆです。

材料と作り方（2人分）

めんつゆ（ストレート）1カップを器に入れ、刻んだ**にら**2～3本分を加え、**うずら卵**2個を割り入れる。

薬味を楽しむ

ほんの一つまみの薬味でそうめんの味がガラリと変わります。定番とは違う、新しい香り、辛み、うまみ、食感を試してみませんか。

❶ ゆずこしょう

爽やかなゆずの香りと青唐辛子の直線的な辛みが涼しさを呼ぶ。

❷ わさび

つゆに溶かず、そうめんにチョンチョンとのせると辛くて爽快。

❸ 粉山椒

ほんの一つまみで目が覚めるくらい激変する、シビれるおいしさ。

❹ 七味唐辛子

冷たいつゆに七味を一振り。知らなかった、こんなにうまいなんて。

❺ 黒こしょう

やみつきになるインパクトあり！オリーブ油をたらしてもいい。

6 焼きのり

磯の香りはもちろん、
グルタミン酸のうまみがすごい！

7 すりごま

香ばしさと濃厚なコクが加わり、
そうめんによくからむ。

8 貝割れ菜

ピリッとした辛みと清涼感。
シャキッとした口当たりもいい。

9 大根おろし

濃いめのつゆに汁ごと加えると
風味が増し、辛みも倍増。

10 みょうが

そうめんにはコレ！
と決めている人も多い、
夏を象徴する風味。

一章

つけそうめん

つけめん

そうめんを冷たいつゆにつける、おなじみの食べ方。
つゆや薬味を替えたり、そうめんに具を混ぜると、
「こういうのもうまいね～」とよろこばれます。

くるみみそつゆのそうめん

くるみとみそで作るコクのあるつゆが美味！
大根と貝割れ菜をそうめんに混ぜてどうぞ。

材料（2人分）

そうめん……4束
大根（5㎝長さの細切り）……100g
貝割れ菜……¼パック
◎くるみみそつゆ
くるみ（ロースト）……40g
みそ……大さじ2
砂糖……大さじ1と½
しょうゆ……大さじ1と½
だし汁……1カップ

作り方

1 くるみはすり鉢でよくすりつぶし、みそと砂糖を加えてすり混ぜる。しょうゆ、だし汁を少しずつ加えて溶きのばす。

2 そうめんは袋の表示通りにゆで、もみ洗いして水けをきる。器に盛って大根と貝割れ菜をのせ、**1**を添える。くるみの余りがあれば、刻んでつゆに浮かべてもよい。

もずくそうめん

海藻のもずくを混ぜるとプルプル食感に。カロリーが抑えられてボリューミー。

材料（2人分）
そうめん……2束
もずく（味つけなし）……100g
めんつゆ（ストレート）……1カップ
おろししょうが……1かけ分

作り方

1 そうめんは袋の表示通りにゆで、ゆで上がる直前にもずくを加えてさっと混ぜ、ざるに上げる。

2 流水でもみ洗いし、水けをきる。

3 器に**2**を盛り、めんつゆとおろししょうがを添える。

冷や汁風そうめん

郷土料理の冷や汁をつゆにしたら、実によく合うのです。

材料（2人分）

そうめん……4束
あじの干物……1尾
いりごま（白）……大さじ2
麦みそ……大さじ2～2と1/2
だし汁……1カップ
きゅうり（小口切り）……適量
錦糸卵（➡p.31）……適量

作り方

1 あじの干物は魚焼きグリルでこんがり焼き、骨や皮を除いてほぐす。すり鉢にごまを入れてすり、あじ、麦みその順に加えてさらにすり混ぜ、だし汁を少しずつ加えて溶きのばす。

2 きゅうりは塩少々（材料外）をまぶし、しんなりしたら水けを絞る。

3 そうめんは袋の表示通りにゆで、もみ洗いして水けをきる。器に盛り、**2**と錦糸卵、**1**を添える。

〝だし〟つけそうめん

山形の夏の定番料理〝だし〟を生かした
とろみのあるのどごし涼やかなつゆです。

材料（2人分）
そうめん……4束
なす……小1本
Ⓐ
きゅうり（みじん切り）……½本分
青じそ（みじん切り）……4枚分
みょうが（みじん切り）……1個分
納豆昆布*（乾燥）……5g
めんつゆ（ストレート）……1カップ
*戻すととろみの出る昆布を数種混ぜ合わせた市販品。

作り方
1 なすはみじん切りにし、5分ほど水にさらしてアクを取る。
2 **1**の水けをキッチンペーパーで取り、ボウルに入れ、Ⓐ、納豆昆布、めんつゆを加えて混ぜる。
3 そうめんは袋の表示通りにゆで、もみ洗いして水けをきる。器に盛り、**2**を添える。

豆腐のすりながしそうめん

めんつゆ＋豆腐で作る手軽なつゆ。
薬味をいろいろ添えて味の変化を楽しんで。

材料（2人分）

そうめん……4束
絹ごし豆腐……½丁（150g）
めんつゆ（3倍濃厚）……大さじ1と⅓
Ⓐ
青ねぎ（小口切り）……1～2本分
おろししょうが……½かけ分
みょうが（小口切り）……1個分
わさび……少々

作り方

1 豆腐と水½カップをハンドブレンダーなどでなめらかに混ぜ、めんつゆを加えてさらに混ぜる。

2 そうめんは袋の表示通りにゆで、もみ洗いして水けをきる。器に盛り、**1**とⒶを添える。

おつまみそうめん

一口大にかわいく巻いて刺身をのせれば、ワインが似合うイタリアンな前菜に。

材料（2人分）

そうめん……2束
刺身（鯛、いか、サーモンなど）……60g
バジルペースト（市販）……大さじ1
めんつゆ（ストレート）……1カップ
オリーブ油……適量

作り方

1 そうめんは袋の表示通りにゆで、もみ洗いして水けをきる。

2 **1**を半量ずつに分け、一方にバジルペーストを加えてあえる。それぞれのそうめんをフォークで一口大に巻き、器に盛る。

3 刺身を1～1.5cm角に切ってそうめんの上にのせ、めんつゆにオリーブ油をたらして添える。

五目とろろそうめん

つゆは具をたっぷり加えたとろろ汁。食べた後の満足感が違います。

材料（2人分）

そうめん……4束
長いも……150g
鶏もも肉（1cm角に切る）……1/3枚分（80g）
かまぼこ（1cm角に切る）……25g
生しいたけ（1cm角に切る）……2枚分
にんじん（いちょう切り）……2cm分
わけぎ（小口切り）……2本分
酒……大さじ1
白だし……大さじ2と1/2

作り方

1 鍋に水3/4カップ、鶏肉、しいたけ、にんじん、酒を入れて中火にかける。煮立ったらアクを取り、白だしを加えてふたをし、弱火で5分ほど煮る。

2 かまぼことわけぎを加えて火を止める。粗熱が取れたら、長いもをすりおろして加え混ぜる。

3 そうめんは袋の表示通りにゆで、もみ洗いして水けをきる。器に盛り、**2**を添える。

バンバンジー風そうめん

手作りのごまつゆにゆで鶏の汁を混ぜ、
コクを出すのがポイント。

材料（2人分）

そうめん……3束
鶏むね肉（皮なし）……1/2枚（100g）
Ⓐ
- 塩……小さじ1/4
- 酒……大さじ1

しょうが（薄切り）……2枚
きゅうり（せん切り）……1/2本分
Ⓑ
- 練りごま（白）・しょうゆ・酢……各大さじ2
- 砂糖……大さじ1/2
- ごま油……小さじ1
- 長ねぎ（みじん切り）……5cm分
- おろししょうが……小さじ1/2

作り方

1 鶏肉は厚みのあるところに切り込みを入れて開く。鍋に入れてⒶと水1カップを加えて中火にかけ、煮立ったら弱火にしてアクを取りながら2分ゆでて、上下を返してさらに2分ゆでる。そのままおき、冷めたら裂く。

2 Ⓑを混ぜ合わせ、**1**のゆで汁1/2カップでのばし、冷蔵庫で冷やす。

3 そうめんは袋の表示通りにゆでて、もみ洗いして水けをきる。きゅうりと混ぜて器に盛り、**1**をのせ、**2**を添える。

エスニックつけそうめん

めんつゆとナンプラーのつゆ＋パクチー！
旅する気分が味わえます。

材料（2人分）

そうめん……3束
Ⓐ
めんつゆ（3倍濃厚）……大さじ1と1/3
ナンプラー……大さじ1と1/3
砂糖……小さじ2
レモン汁……小さじ1
ボイルえび*……6尾
もやし……100g
パクチー（ざく切り）……1株分
フライドオニオン……適量

*殻つきの場合は殻をむく。

作り方

1 Ⓐ、冷水3/4カップを混ぜ合わせる。

2 鍋に湯を沸かし、もやしをさっとゆでてざるに上げる。同じ湯でそうめんを袋の表示通りにゆで、もみ洗いして水けをきる。

3 器にそうめん、もやし、パクチー、えびを盛り、**1**を添えてフライドオニオンを加える。

温つゆつけめん

温かいつけづゆに冷たいそうめんをつける
そばでいったら鴨せいろのスタイルです。
肉や魚を煮たうまみとコクのあるつゆが魅力です。

鶏せいろそうめん

焼き色をつけた鶏肉とねぎが香ばしく
食事としての食べごたえも十分。

材料（2人分）

そうめん……4束
鶏もも肉（余分な脂肪を除く）……1/2枚（100g）
長ねぎ（3cm長さに切る）……1/2本分
Ⓐ めんつゆ（3倍濃厚）……80mℓ
　水……220mℓ
　酒……大さじ1
サラダ油……小さじ1/2
ゆずこしょう……少々

作り方

1 鍋にサラダ油を入れて中火にかけ、鶏肉を皮を下にして入れ、周りに長ねぎを入れて焼き色がつくまで焼く。鶏肉を裏返してさっと焼き、取り出して粗熱が取れたら、そぎ切りにする。

2 **1**の鍋にⒶを加え、煮立ったら鶏肉を戻し、一煮立ちしたら火を止める。

3 そうめんは袋の表示通りにゆで、もみ洗いして水けをきる。器に盛り、**2**、ゆずこしょうを添える。

牛ごぼうの温つけめん

お酒の後にもおすすめのオツな味。
ごぼうと山椒《さんしょう》の香りが食欲を刺激します。

材料（2人分）

そうめん……4束
牛こま切れ肉……70g
ごぼう……30g
しょうが……½かけ
A
めんつゆ（3倍濃厚）……80mℓ
水……220mℓ
酒……大さじ1
サラダ油……大さじ½
粉山椒……少々

作り方

1 ごぼうは皮をこそげ、ささがきにしてさっと水にくぐらせ、水けをきる。しょうがはせん切りにする。

2 鍋にサラダ油を熱し、**1**と牛肉を中火で炒める。肉の色が変わったら**A**を加え、煮立ったらアクを取り、弱火で3～4分煮る。

3 そうめんは袋の表示通りにゆで、もみ洗いして水けをきる。器に盛り、**2**を添えて粉山椒をふる。

豚なす温つけめん

豚肉となすの相性のよさは文句なし！
淡泊なそうめんが満腹メニューに変身。

材料（2人分）

そうめん……4束
豚バラ薄切り肉……70g
なす……1本
Ⓐ めんつゆ（3倍濃厚）……80㎖
Ⓐ 水……220㎖
Ⓐ 酒……大さじ1
ごま油……大さじ½
七味唐辛子……少々

作り方

1 豚肉は2㎝幅に切る。なすは横半分に切って縦4〜6等分のくし形に切り、5分ほど水にさらし、水けをきる。

2 鍋にごま油を熱して豚肉を中火で炒め、肉の色が変わったらなすを加えて炒める。Ⓐを加え、煮立ったらアクを取り、弱火で3〜4分煮る。

3 そうめんは袋の表示通りにゆで、もみ洗いして水けをきる。器に盛り、2を添えて七味唐辛子をふる。

タイカレーつけめん

そうめんにグリーンカレー！
タイでは米の細麺のポピュラーな食べ方です。

材料（2人分）
そうめん……4束
鶏ささ身（筋なし）……小2本
ゆでたけのこ……50g
しめじ……50g
ピーマン（緑・赤）……各1/2個
グリーンカレーペースト……25g
Ⓐ
ココナッツミルク……1カップ
水……1/2カップ
鶏がらスープの素……小さじ2/3
Ⓑ
ナンプラー……大さじ1/2
砂糖……小さじ1/2
サラダ油……大さじ1/2
パクチーの葉先……少々

作り方
1 ささ身は斜めに細切りにし、たけのこは薄切り、しめじは小房に分け、ピーマンは縦6等分に切る。
2 鍋にサラダ油を中火で熱して**1**を炒め、カレーペーストを加えてさっと炒める。Ⓐを加え、煮立ったら弱火で2～3分煮て、Ⓑで味をととのえる。
3 そうめんは袋の表示通りにゆでて、もみ洗いして水けをきる。一口大に巻いて器に盛り、パクチーの葉先を飾り、**2**を添える。

塩さばおろしのつけそうめん

手軽に使える塩さばを
大根おろしと一緒にさっと煮れば完成。

材料（2人分）

そうめん……4束
塩さば（骨なし／半身）……1枚（100g）
大根（すりおろす）……4cm分
Ⓐ めんつゆ（3倍濃厚）……80㎖
　 水……3/4カップ
Ⓑ 片栗粉……小さじ1
　 水……小さじ2

作り方

1 塩さばは2cm幅に切る。魚焼きグリルまたはオーブントースターでこんがり焼く。

2 鍋にⒶを入れて中火にかけ、煮立ってきたら混ぜ合わせたⒷを加える。とろみがついたら、**1**、大根おろしを汁ごと加え、一煮立ちさせる。

3 そうめんは袋の表示通りにゆで、もみ洗いして水けをきる。器に盛り、**2**を添える。

和風キーマつけそうめん

めんつゆの利いたカレーづゆが
そうめんにからまって、新しいおいしさです。

材料（2人分）

そうめん……4束
豚ひき肉……80g
玉ねぎ（みじん切り）……1/4個分
カレールウ……20g
Ⓐ
めんつゆ（3倍濃厚）……大さじ3
水……1と1/4カップ
酒……大さじ1
サラダ油……大さじ1/2
ピーマン（横に細切り）……1/2個分

作り方

1 鍋にサラダ油を中火で熱し、玉ねぎを薄く色づくまで2～3分炒め、ひき肉を加えて炒める。肉の色が変わったらⒶを加え、煮立ったら弱火にしてアクを取り、ルウを加えて1～2分煮る。

2 そうめんは袋の表示通りにゆで、もみ洗いして、水けをきる。

3 器に**2**を盛り、**1**を添えてピーマンをのせる。

そうめんのおとも

「ごはんのおとも」のように、そうめんにも相性ぴったりの定番おともがあります。

錦糸卵

材料（作りやすい分量）

卵……3個
砂糖……大さじ1
塩……少々
サラダ油……適量

作り方

1 卵を溶きほぐし、砂糖と塩を加えてよく混ぜ、ざるでこす。

2 フライパンを弱めの中火にかけてサラダ油少々を入れ、キッチンペーパーで油をなじませ、**1**の適量を薄く流す。

3 菜箸を差し込んで裏返し、10秒ほど焼いたらまな板に取り出す。残りも同様に焼き、冷めてからせん切りにする。

しいたけの甘煮

材料（作りやすい分量）

干ししいたけ……6枚
Ⓐ
しいたけの戻し汁……1と1/2カップ
しょうゆ……大さじ2
みりん……大さじ2
砂糖……大さじ2

作り方

1 しいたけは2カップくらいの水に2時間以上つけ、やわらかく戻しておく。軸を切って鍋に入れ、Ⓐを加えて中火にかける。

2 煮立ってきたらアクを取り、落としぶたをして弱火にし、煮汁がほぼなくなるまで30分ほど煮る。冷めてから料理に合わせて切る。

ご当地そうめん

其の壱

山形 ひっぱりそうめん

つゆに缶詰のさばや納豆を加えて食べます。「えっ、さば?」と思った方、心配ご無用。生臭みなんてなく、驚くほどの美味！

材料（2～3人分）

そうめん……4束
めんつゆ（ストレート）……1～1と1/2カップ
さば水煮缶……1缶
納豆……2パック（80g）
長ねぎ（小口切り）……適量

作り方

1 そうめんは袋の表示通りにゆでて、もみ洗いして水けをきり、器に盛る。

2 さば、納豆を器に盛り、めんつゆ、長ねぎとともに1に添える。

愛媛

鯛めん

瀬戸内の鯛を姿煮にして、その煮汁をつゆにする豪華版。

材料（3～4人分）

そうめん……3～4束
真鯛（小）……1尾
昆布（7×10㎝）……1枚

A
酒……1/4カップ
しょうゆ……大さじ2
うす口しょうゆ・砂糖……各大さじ1
みりん……大さじ3
しょうが（薄切り）……2～3枚

B
錦糸卵（⬇p.31）……適量
しいたけの甘煮（⬇p.31）……適量
木の芽または青ねぎ（小口切り）……適量

作り方

1 鍋に水2カップと昆布を入れ、1時間ほどおく。

2 鯛はうろこを取り、えら、ワタを取って洗う。熱湯を回しかけて水に取り、水けをキッチンペーパーでふく。**1**の鍋に**A**を加え、鯛を入れて中火にかける。煮立ってきたら落としぶたをし、10分ほど煮てそのまま冷ます。

3 そうめんはひもで結んで（⬇p.7）袋の表示通りにゆで、もみ洗いして水けをきる。器に鯛を盛り、そうめんを波のように盛り、**B**を添える。鯛の煮汁をこしてつゆにする。

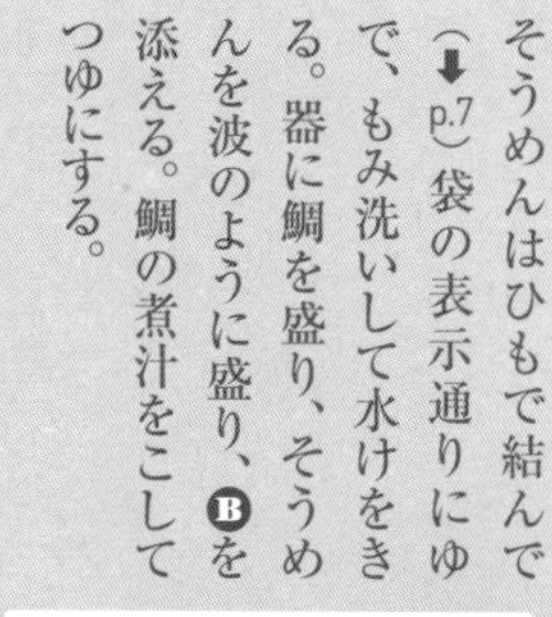

二章

冷たいかけそうめん

ぶっかけ

そうめんと具に「つけづゆ」をかけるのが、ぶっかけ。
具だくさんで、丼物みたいな気軽さが人気です。
栄養のバランスがよく、満足感もたっぷり。

豚しゃぶそうめん

さっぱりした豚の冷しゃぶをそうめんにon！暑い日でも食が進みます。

材料（2人分）

そうめん……3束
めんつゆ（ストレート）……$\frac{1}{2}$カップ
豚薄切り肉（しゃぶしゃぶ用）……100g
水菜（ざく切り）……50g
みょうが（半割りにして薄切り）……1個分
酒……大さじ1

作り方

1 鍋に湯を沸かして酒を加え、静かに沸く火加減にする。豚肉を広げて火を通し、ざるに上げる。

2 そうめんは袋の表示通りにゆでて、もみ洗いして水けをきる。

3 器に**2**を盛り、水菜、みょうがを混ぜてのせ、その上に**1**を盛ってめんつゆをかける。

桜えびとのりのかき揚げそうめん

桜えびをのりにのせて揚げるとバラバラにならず、初めてかき揚げを作る人にもおすすめです。

材料（2人分）

そうめん……3束
めんつゆ（ストレート）……½カップ
桜えび（釜揚げ）*……80g
焼きのり（4等分する）……全形1枚分
みつば（1～2cm長さに切る）……4～5本分
小麦粉……大さじ2
揚げ油……適量

*釜揚げが手に入らないときは、乾物の桜えび20gを湯90mlに5分ほどつけて戻し、小麦粉大さじ3～4と混ぜ、のりの上にのせて揚げる。

作り方

1 ボウルに桜えびを入れ、小麦粉を加えてまぶす。水大さじ1を加えてさっくり混ぜ、のりの上に等分にのせる。

2 揚げ油を中温（約170℃）に熱して**1**をカラリと揚げ、油をきる。

3 そうめんは袋の表示通りにゆで、もみ洗いして水けをきる。器に盛り、**2**とみつばをのせ、めんつゆをかける。

たぬきそうめん

「冷やしたぬき」なら、そばよりもうどんよりも、そうめんが一番おいしいかも!?

材料（2人分）
そうめん……3束
めんつゆ（ストレート）……½カップ
天かす（市販）……30g
わかめ（塩蔵）……15g
かまぼこ（薄切りの細切り）……4枚分
青ねぎ（小口切り）……2～3本分

作り方
1 わかめはさっと洗い、水に10分ほどつけて戻し、一口大に切る。
2 そうめんは袋の表示通りにゆで、もみ洗いして水けをきる。
3 器に**2**を盛り、**1**、かまぼこ、青ねぎ、天かすをのせてめんつゆをかける。

カリカリ油揚げそうめん

油揚げは煮ないで香ばしく焼くのがポイント。
さっと作れて小腹がすいたときに最適です。

材料（2人分）

そうめん……3束
めんつゆ（ストレート）……½カップ
油揚げ……½枚
きゅうり……½本
大根……200g
塩……少々

作り方

1 油揚げは1～1.5cm角に切り、フライパンでカリカリになるまで乾煎りする。

2 きゅうりは小口切りにして塩をふり、しんなりしたら水けを絞る。大根はすりおろし、軽く汁けをきる。

3 そうめんは袋の表示通りにゆで、もみ洗いして水けをきる。器に盛り、**1**と**2**をのせて、めんつゆをかける。

ツナマヨそうめん

玉ねぎと貝割れ菜の辛みが味を引きしめて、お代わりしたくなるくらい美味！

材料（2人分）

そうめん……3束
めんつゆ（ストレート）……1/2カップ
ツナ缶……1缶（70g）
玉ねぎ……1/4個
貝割れ菜……1/2パック
マヨネーズ……大さじ1

作り方

1 缶汁をきったツナにマヨネーズを加えて混ぜる。

2 玉ねぎは薄切りにし、5分ほど水にさらして水けをきる。

3 そうめんは袋の表示通りにゆで、もみ洗いして水けをきる。器に盛り、貝割れ菜、**2**、**1**を順にのせてめんつゆをかける。

冷やし中華風そうめん

そうめんで作る冷やし中華はさっぱり味。
ごま油も控えめにして軽やかに。

材料（2人分）

そうめん……3束
めんつゆ（ストレート）……1/2カップ
Ⓐ
- 酢……大さじ2
- ごま油……小さじ1/3

ロースハム……3枚
かにかまぼこ……3本
きゅうり……小1本
錦糸卵（⬇p.31）……適量
紅しょうが・練りがらし……各適量

作り方

1 ハムは半分に切って細切りにする。かにかまは裂き、きゅうりは長さを半分に切って細切りにする。

2 そうめんは袋の表示通りにゆで、もみ洗いして水けをきる。器に盛り、**1**、錦糸卵、紅しょうがを彩りよく盛る。

3 めんつゆにⒶを混ぜて**2**にかけ、練りがらしを添える。

揚げ野菜そうめん

衣をつけない素揚げだからパパッと作れ、野菜の風味が一段と濃くなります。

材料（2人分）

そうめん……3束
めんつゆ（ストレート）……1/2カップ
かぼちゃ（1cm厚さのくし形に切る）……100g
なす……1本
ししとう……6本
Ⓐ 大根おろし……50g
Ⓐ おろししょうが……小さじ1
揚げ油……適量

作り方

1 なすは横半分に切ってから4等分のくし形に切り、5分ほど水にさらして水けをふく。ししとうは包丁の先で1か所刺す（破裂防止のため）。

2 揚げ油を中温（約170℃）に熱し、**1**とかぼちゃを揚げて油をきる。

3 そうめんは袋の表示通りにゆで、もみ洗いして水けをきる。器に盛って**2**をのせ、Ⓐを添えてめんつゆをかける。

納豆月見そうめん

薬味たっぷりなうえに卵の黄身まで落とした、
かなり贅沢な納豆そうめんです。

材料（2人分）

そうめん……3束
めんつゆ（ストレート）……1/2カップ
小粒納豆……2パック（80g）
卵黄……2個
青じそ……5枚
青ねぎ……2本
刻みのり……適量

作り方

1 青じそは粗みじん切りにし、青ねぎは小口切りにする。

2 そうめんは袋の表示通りにゆで、もみ洗いして水けをきる。

3 器に**2**を盛り、納豆、卵黄、刻みのり、**1**をのせ、めんつゆをかける。

かにかまレモンぶっかけそうめん

いちょう切りのレモンの爽快な酸っぱさがあとを引く、サラダ感覚の軽やかな味わいです。

材料（2人分）

そうめん……3束
めんつゆ（ストレート）……1/2カップ
かにかまぼこ……大5本
レタス（細切り）……2枚分
レモン（薄切り）……2枚

作り方

1 かにかまは裂く。レモンは皮を切り落とし、いちょう切りにする。

2 そうめんは袋の表示通りにゆで、もみ洗いして水けをきる。

3 器に**2**を盛り、レタス、**1**をのせ、めんつゆをかける。

冷やかけ

のどごしがよくていくらでも食べられそう。
冷たい「かけつゆ」をたっぷりかけた、
そうめんならではの食べ方です。

梅わかめそうめん

そうめんとたっぷりの汁に梅干しの酸味が溶けて爽やか。
最後のごまの一ふりでコクが加わります。

材料（2人分）

そうめん……2束
Ⓐ［めんつゆ（3倍濃厚）……大さじ4
　冷水……1と1/2カップ
梅干し……2個
わかめ（塩蔵）……15g
青じそ……4枚
すりごま（白）……適量

作り方

1 わかめはさっと洗い、水に10分ほどつけて戻し、一口大に切る。青じそは縦半分に切り、細切りにする。

2 そうめんは袋の表示通りにゆで、もみ洗いして水けをきる。

3 器に**2**を盛り、Ⓐを混ぜ合わせて注ぎ、**1**と梅干しをのせてすりごまをかける。

すだちそうめん

すだちの皮をかけると、爽快な香りがパッと広がります。
期待を裏切らない、とびきりの涼味！

材料（2人分）

そうめん……2束
Ⓐ めんつゆ（3倍濃厚）……大さじ4
　冷水……1と1/2カップ
すだち（薄切り）……2個分
すだちの皮……適量

作り方

1 そうめんは袋の表示通りにゆで、もみ洗いして水けをきる。

2 器に**1**を盛り、Ⓐを混ぜ合わせて注ぎ（好みで氷を加える）、すだちをのせ、すだちの皮をすりおろしながらかける。

トマトつゆかけそうめん

つゆは白だしをトマトジュースで割るだけ。
〝映える〟おしゃれなそうめんです。

材料（2人分）

そうめん……2束
Ⓐ トマトジュース（食塩無添加）……2カップ
　白だし……大さじ4
きゅうり……1/2本
玉ねぎ……1/4個
生ハム……4枚

作り方

1 Ⓐはよく混ぜ合わせ、冷蔵庫で冷やす。

2 きゅうりは縦に十字に切り、5㎜幅に切る。玉ねぎは5㎜角に切り、水にさらして水けを取る。

3 そうめんは袋の表示通りにゆで、もみ洗いして水けをきる。器に盛り、**1**をかけて**2**を散らし、生ハムをのせる。

なめたけそうめん

自分で作るなめたけのおいしさは格別！
トロリとなめらか、のどごし最高です。

材料（2人分）

そうめん……2束
なめこ……1パック
えのきたけ……大½パック
まいたけ……½パック
Ⓐ
だし汁……1と½カップ
しょうゆ・みりん……各大さじ2
酒……大さじ1
長ねぎ（小口切り）……少々

作り方

1 なめこはさっと洗い、水けをきる。えのきたけは3等分に切り、まいたけは小房に分ける。

2 鍋に**1**とⒶを入れて中火にかけ、煮立ってきたら弱火にしてアクを取り、5～6分煮る。粗熱が取れたら、冷蔵庫で冷やす。

3 そうめんは袋の表示通りにゆで、もみ洗いして水けをきる。器に盛って**2**をかけ、長ねぎをのせる。

焼きなすそうめん

グリルで焼いたなすはトロッとなめらか。
香ばしくてしみじみおいしいのです。

材料（2人分）

そうめん……2束
Ⓐ┌めんつゆ（3倍濃厚）……大さじ4
　└冷水……1と1/2カップ
なす……2本
おろししょうが……1/2かけ分
青ねぎ（小口切り）……1〜2本分
削り節……適量

作り方

1 なすはヘタの周りのガクを切り落とし、縦に2〜3本浅く切り込みを入れる。

2 強火にした魚焼きグリルに**1**を入れ、全体が焦げるまで転がしながら焼き、ヘタを切って皮をむき、縦に裂く。

3 そうめんは袋の表示通りにゆで、もみ洗いして水けをきる。器に盛り、Ⓐを混ぜ合わせて注ぎ、**2**、おろししょうが、青ねぎ、削り節をのせる。

オクラそうめん

目に美しく、のどに心地よい一品。
オクラのとろみを生かしたつゆが絶品です。

材料（2人分）

そうめん……2束
オクラ……10本
塩……少々
みょうが……1個
Ⓐ めんつゆ（3倍濃厚）……大さじ4
　冷水……1と1/2カップ

作り方

1 オクラはガクの周りをクルリとむく。鍋に湯を沸かし、塩をこすりつけてさっとゆでる。水に取り、水けをきって細かく刻む。

2 みょうがは縦半分に切って、斜め薄切りにする。

3 Ⓐは混ぜ合わせ、**1**を加えて混ぜる。

4 そうめんは袋の表示通りにゆでて、もみ洗いして水けをきる。器に盛り、**3**をかけて**2**をのせる。

韓国風豆乳そうめん

知らなかった、このおいしさ！
だしやスープなしでこのうまみは驚愕です。

材料（2人分）

そうめん……2束
豆乳（無調整）……2カップ
塩……小さじ$\frac{2}{3}$
きゅうり……$\frac{1}{3}$本
白菜キムチ……40g
ごま油……少々

作り方

1 豆乳は塩を加え、よく混ぜて溶かし、冷蔵庫で冷やす。

2 きゅうりは斜め薄切りにしてせん切りにする。キムチは大きければ食べやすく切る。

3 そうめんは袋の表示通りにゆでて、もみ洗いして水けをきる。器に盛って**1**を注ぎ、**2**をのせてごま油をたらす。

ご当地そうめん

其の弐

鹿児島

油そうめん

奄美大島や徳之島など奄美群島の郷土料理。煮干しを煮た汁と油をそうめんにからめます。

材料（2人分）

そうめん……3束
にら（3～4㎝長さに切る）……½束分
にんじん（細切り）……3㎝分
煮干し……15g
酒……大さじ1
サラダ油……大さじ1
うす口しょうゆ……大さじ½

作り方

1 そうめんは硬めにゆで、もみ洗いして水けをきる。

2 煮干しは頭とワタをちぎり取り、フライパンで乾煎りする。香りがしてパリッとしたら、水½カップ、酒、にんじんを加えて弱火で2～3分煮る。

3 **2**にサラダ油、うす口しょうゆ、**1**、にらを加え、汁けがなくなるまで炒める。

沖縄

ソーミンチャンプルー

そうめんを硬めにゆでると、
炒めてもだんごにならず、おいしくできます。

材料（2人分）
そうめん……3束
ゴーヤ……1/2本
ポークランチョンミート……120g
卵……1個
酒……大さじ1
だし汁……大さじ1～2
しょうゆ……小さじ1/2
塩・こしょう……各適量
ごま油……大さじ1
削り節……適量

作り方

1 ゴーヤは縦半分に切って種とワタを取り、薄切りにする。塩少々をまぶして5分ほどおき、水洗いして水けをふく。ランチョンミートは短冊切りにする。卵は溶きほぐし、塩、こしょう各少々を混ぜる。

2 そうめんは硬めにゆで、もみ洗いして水けをきる。

3 フライパンにごま油の半量を熱して溶き卵を流し、いり卵にして取り出す。残りのごま油を熱して残りの**1**を炒める。**2**、酒を加え、だし汁を加減しながら加えてほぐすように炒める。しょうゆ、塩、こしょうで味をととのえ、いり卵を戻して混ぜる。器に盛り、削り節をかける。

三章 温かいそうめん

汁めん

そうめんは「冷やし」だけではありません。
温めたそうめんに熱い汁をたっぷりかけて
フーフーいって食べるのも魅力なのです。

えびとセロリの塩そうめん

そうめんのあっさりした味わいは塩味仕立てにすると一段と引き立ちます。

材料（2人分）

そうめん……2束
むきえび……100g
片栗粉・酒……各小さじ1
セロリ……小$\frac{1}{2}$本
セロリの葉（せん切り）……適量
Ⓐ 鶏がらスープの素……大さじ$\frac{1}{2}$
　酒……大さじ1
塩・こしょう……各適量

作り方

1 えびは背ワタを取り、片栗粉と酒をふってもみ、水で洗う。セロリは縦半分に切ってから、斜め薄切りにする。

2 鍋に水2カップを沸かしてⒶを入れ、煮立ったら**1**を加えて中火で2分ほど煮て、塩、こしょうで味をととのえる。

3 そうめんは袋の表示通りにゆで、もみ洗いして水けをきる。熱湯をかけて温め、器に盛って熱い**2**をかけ、セロリの葉をのせる。

おかめそうめん

具だくさんのそうめんは子どもにも人気。
しいたけの甘煮を作り置きすれば後は簡単です。

材料（2人分）

そうめん……2束
花麩……4個
ほうれん草……50g
しいたけの甘煮（⬇p.31）……2枚
だし汁……2カップ
Ⓐ うす口しょうゆ……小さじ2
Ⓐ みりん……小さじ1
Ⓐ 塩……小さじ$\frac{1}{3}$
卵焼き（市販／薄切り）……2切れ

作り方

1 花麩は水につけて戻し、水けを絞る。ほうれん草はゆでて水に取り、水けを絞って3㎝長さに切る。しいたけの甘煮は半分にそぎ切りにする。

2 鍋にだし汁を入れて火にかけて温め、Ⓐで味つけする。

3 そうめんは袋の表示通りにゆで、もみ洗いして水けをきる。熱湯をかけて温め、器に盛って熱い**2**を注ぎ、**1**、卵焼きをのせる。

きつねにゅうめん

いなりずし用の味つき油揚げを買い置きしておけば食べたいときにすぐチャチャッと作れます。

材料（2人分）

そうめん……2束
いなりずし用味つき油揚げ（市販）……2枚
九条ねぎ（または青ねぎ／斜め切り）……2本分
だし汁……2カップ
Ⓐ うす口しょうゆ……小さじ2
　みりん……小さじ1
　塩……小さじ1/3
七味唐辛子……少々

作り方

1 油揚げは耐熱皿に入れてラップをふんわりかけ、電子レンジ（600W）に30秒ほどかけて、斜め半分に切る。

2 鍋にだし汁を入れて火にかけ、Ⓐで味つけし、ねぎを加えてさっと煮る。

3 そうめんは袋の表示通りにゆでて、もみ洗いして水けをきる。熱湯をかけて温め、器に盛って熱い**2**を注ぎ、**1**をのせて七味唐辛子をふる。

鶏肉のフォー

そうめんはアレンジ自在のお役立ち食材。
フォーにしてみたら、あら、おいしい！

材料（2人分）

そうめん……2束
鶏もも肉（余分な脂肪を除く）……1/2枚（130g）
A
黒粒こしょう……5〜6粒
しょうが（薄切り）……2〜3枚
長ねぎの青い部分……1/2本分
鶏がらスープの素……大さじ1/4
塩……小さじ1/4
赤玉ねぎ（薄切り）……1/2個分
ナンプラー……大さじ1
B
ライム（くし形切り）、ミント、青ねぎ、バジル、パクチーなど……各適宜

作り方

1 鍋に水3カップ、鶏肉、**A**を入れて火にかけ、煮立ったらアクを取り、弱火で10分ほどゆでる。

2 鶏肉を取り出し、粗熱が取れたら1〜1.5cm幅に切る。ゆで汁はざるでこし、ナンプラーで味つけする。

3 そうめんは袋の表示通りにゆで、もみ洗いして水けをきる。熱湯をかけて温め、器に盛って熱い**2**の汁を注ぎ、鶏肉、赤玉ねぎをのせる。好みで**B**を添える。

沢煮そうめん

細切りの豚肉や野菜の汁物「沢煮」をヒントにした、料亭風の上品な味わいです。

材料（2人分）

そうめん……2束
豚バラ薄切り肉（細切り）……40g
大根（4～5㎝長さのせん切り）……30g
にんじん（4～5㎝長さのせん切り）……20g
生しいたけ（薄切り）……2枚分
絹さや……4枚
だし汁……2カップ
酒……大さじ½
塩……小さじ⅔
しょうゆ……少々
粗びき黒こしょう……少々

作り方

1 豚肉は塩少々（分量外）をまぶして熱湯にさっとくぐらせ、ざるに上げる。絹さやはゆでて水に取って冷まし、せん切りにする。

2 鍋にだし汁を入れて中火にかけ、豚肉、大根、にんじん、しいたけ、酒を加えて2分ほど煮る。絹さやを加え、塩としょうゆで味つけする。

3 そうめんは袋の表示通りにゆで、もみ洗いして水けをきる。熱湯をかけて温め、器に盛って熱い**2**を注ぎ、黒こしょうをふる。

酸《サン》辣《ラー》湯《タン》そうめん

熱烈ファンの多い酸辣湯麺の味を再現。
そうめんで作ると味のなじみがよいのです。

材料（2人分）

そうめん……2束

Ⓐ
- 豚バラ薄切り肉（細切り）……50g
- ゆでたけのこ（細切り）……40g
- 生しいたけ（薄切り）……2枚分

卵……1個

青ねぎ（5㎝長さに切る）……3本分

Ⓑ
- 鶏がらスープの素……小さじ½
- 酒……大さじ1
- めんつゆ（3倍濃厚）・酢……各大さじ1
- 塩……小さじ⅓

サラダ油……大さじ½

ラー油……適量

作り方

1 鍋にサラダ油を中火で熱し、Ⓐを炒める。肉の色が変わったら、水2カップ、Ⓑを加え、煮立ったらアクを取る。

2 めんつゆと塩で味つけし、水溶き片栗粉適量（材料外）でとろみをつける。卵を溶いて回し入れ、青ねぎ、酢を加えて一煮立ちさせる。

3 そうめんは袋の表示通りにゆで、もみ洗いして水けをきる。熱湯をかけて温め、器に盛って熱い**2**をかけ、ラー油をたらす。

台湾風肉そぼろそうめん

台南の名物「担仔麺《ターアーミー》」のそうめんバージョン。
激辛の肉そぼろをめんにからめて食べます。

材料（2人分）

- そうめん……2束
- 豚ひき肉……100g
- もやし……50g
- にら（4㎝長さに切る）……1/4束分
- Ⓐ にんにく（みじん切り）……1かけ分
- Ⓐ 赤唐辛子（種を除いてみじん切り）……1本分
- Ⓑ オイスターソース……小さじ2
- Ⓑ しょうゆ……小さじ2
- 鶏がらスープの素……小さじ1
- サラダ油……大さじ1/2

作り方

1 フライパンにサラダ油、Ⓐを入れて火にかける。にんにくの香りが立ったらひき肉を加え、色が変わるまで炒め、Ⓑで味つけする。

2 鍋に水2カップを入れて沸かし、スープの素を加える。

3 そうめんは袋の表示通りにゆで、もみ洗いして水けをきる。熱湯をかけて温め、器に盛る。もやしとにらに熱湯をかけて盛り、熱い**2**を注いで**1**をのせる。

かきたまにゅうめん

奈良県発祥で多くの人に親しまれているにゅうめん。
今日はふわっとかきたまにしましょうか。

材料（2人分）

そうめん……2束
だし汁……2カップ
卵……2個
生しいたけ（薄切り）……2枚分
みつば（2〜3cm長さに切る）……2〜3本分
ゆずの皮（せん切り）……少々
Ⓐ うす口しょうゆ……小さじ2
Ⓐ みりん……小さじ1
Ⓐ 塩……小さじ$\frac{1}{3}$

作り方

1 鍋にだし汁を入れて火にかけ、しいたけを加えてふたをし、弱めの中火で3〜4分煮る。Ⓐで味つけし、溶いた卵を細く回し入れる。

2 そうめんは袋の表示通りにゆで、もみ洗いして水けをきる。熱湯をかけて温め、器に盛って熱い**1**を注ぎ、みつばとゆずの皮をのせる。

あさりそうめん

あさりのだしとナンプラーのうまみでだし汁は不要。クリアな味わいが魅力です。

材料（2人分）

そうめん……2束
あさり（砂抜きずみ）……200g
クレソン……1束
酒……大さじ1
ナンプラー……大さじ1強

作り方

1 あさりは殻をこすり合わせてよく洗う。鍋にあさり、水2カップ、酒を加えて火にかける。煮立ったら弱火にし、殻が開くまで煮て、アクを取る。

2 ナンプラーで味つけし、あさりを取り出し（身が縮まないように）、クレソンを加えてさっと煮る。

3 そうめんは袋の表示通りにゆでて、もみ洗いして水けをきる。熱湯をかけて温め、器に盛って熱い**2**の汁を注ぎ、クレソンとあさりをのせる。

煮込みめん

そうめんをゆでずに直接煮るのが煮込みめん。
めんから味が出て汁にとろみがつき、
具と一体になったおいしさは格別！

鶏手羽の煮込みそうめん

土鍋で手羽とれんこんをじっくり煮込んで
ハフハフ食べると汗をかくほど温まります。

材料（2人分）

温麺《うーめん》（⬇p.92）……100g
（または、そうめん……2束）
鶏手羽中……6本
れんこん（乱切り）……60g
きくらげ（乾燥）……3g
Ⓐ しょうが（薄切り）……1/2かけ分
　 酒……大さじ2
めんつゆ（3倍濃厚）……小さじ2〜大さじ1

そうめんの半分の長さの
温麺はコシが強く、
煮込みめんや
にゅうめんに向いています。

作り方

1 きくらげは水で戻して硬い部分を除き、大きければ半分に切る。手羽中はさっと洗って水けをふき、骨に沿って切り込みを入れる。

2 土鍋に手羽中、水4カップ、Ⓐを入れて火にかける。煮立ったらアクを取り、れんこんを加えてふたをし、弱火で20〜30分煮る。

3 きくらげを加えて強火にし、煮立ったら温麺または半分に折ったそうめんを加え、めんをほぐして火が通るまで煮て、めんつゆで味つけする。

そうめんしゃぶしゃぶ

昆布だしでそうめんと豚肉、野菜をさっと煮て。
〆まで一緒に味わうことのできる、賢い鍋。

材料（2人分）

そうめん……2束
昆布（7×15㎝）……1枚
豚薄切り肉（しゃぶしゃぶ用）……180g
長ねぎ……½本
にんじん……50g
水菜（ざく切り）……50g
えのきたけ（ほぐす）……½パック分
ポン酢しょうゆ……適量
七味唐辛子……適宜

作り方

1 鍋に水1ℓと昆布を入れ、1時間ほどおく。

2 長ねぎは斜め薄切りにして水にさっとさらす。にんじんはピーラーでリボン状に切る。

3 **1**の鍋を中火にかけ、煮立ったら昆布を取り出す。水菜、えのきたけ、**2**、半分に折ったそうめんを加え、めんをほぐして1分～1分30秒煮る。

4 豚肉を加えてさっと煮て、鍋の汁適量で割ったポン酢しょうゆをつけ、好みで七味唐辛子をふる。

帆立の煮込みそうめん

帆立缶の汁をだし代わりに使うのがコツです。
あっけないほど簡単に作れて、しかも美味。

材料（2人分）

そうめん……2束
帆立貝柱缶……1缶（180g）
チンゲンサイ……1株
酒……大さじ1

作り方

1 チンゲンサイは3～4㎝四方に切り、軸と葉に分ける。

2 鍋に水2と½カップを入れて中火にかけ、煮立ったら**1**の軸を入れて1分ほど煮る。

3 **1**の葉、ざっとほぐした缶汁ごとの帆立、酒、そうめんを加え、めんをほぐして、1分30秒～2分煮る。

ほうとう風煮込みそうめん

みそ仕立てで、山梨の郷土料理ほうとう風に。
具はあるものでいいけれど、かぼちゃはぜひ。

材料（2人分）

温麺（➡p.92）……50g（または、そうめん1束）
Ⓐ
豚バラ薄切り肉（3㎝幅に切る）……70g
かぼちゃ（1㎝厚さのくし形に切る）……100g
しめじ（ほぐす）……1/2パック分
ごぼう……25g
油揚げ……1/2枚
長ねぎ（斜め薄切り）……5㎝分
ほうれん草（3㎝長さに切る）……25g
だし汁（煮干しと昆布のだし汁➡p.9）……3カップ
みそ……小さじ2〜大さじ1

作り方

1 ごぼうは皮をこそげ、ささがきにして水にくぐらせ、水けをきる。油揚げは半分に切って1.5㎝幅に切る。

2 鍋にだし汁を入れて中火にかけ、**1**、Ⓐを加えて煮立ったらアクを取り、ふたをして3分煮る。

3 温麺または半分に折ったそうめんを加えてほぐし、火が通るまで煮る。みそを溶き入れて長ねぎ、ほうれん草を加え、しんなりしたら火を止める。

牛乳煮込みそうめん

博多とんこつラーメンを目指した
あっさりおいしい、煮込みそうめん。

材料（2人分）

そうめん……2束
Ⓐ┌牛乳……1カップ
　└鶏がらスープの素……小さじ1
おろしにんにく……½かけ分
しょうゆ……小さじ1
ごま油……少々
ゆで卵（半分に切る）……1個分
青ねぎ（小口切り）……1本分
いりごま……小さじ1
チャーシュー（市販／薄切り）……2枚

作り方

1 鍋に水2カップ、おろしにんにくを入れて中火にかけ、沸いたらそうめんを加えてほぐす。1分煮てⒶを加え、さらに30秒煮てしょうゆで味をととのえ、ごま油を加える。

2 器に盛り、チャーシュー、ゆで卵、青ねぎをのせ、ごまをふる。

炒めめん

残ったそうめん活用法ではありません。
このためにゆでて作ってほしい自信作ばかり。
そうめんって油で炒めるとおいしくなるのです。

ソース焼きそうめん

炒めても油っぽくならないのが、そうめんのよさ。めんがくっつくときは、水少々をふって炒めます。

材料（2人分）

そうめん……3束
豚バラ薄切り肉（2cm幅に切る）……80g
にんじん（短冊切り）……30g
玉ねぎ（薄切り）……1/4個分
キャベツ（ざく切り）……80g
Ａ ウスターソース……大さじ2
　 めんつゆ（3倍濃厚）……小さじ2
塩・こしょう……各少々
サラダ油……大さじ1/2
紅しょうが・青のり……各適量

作り方

1 そうめんは硬めにゆで、もみ洗いして水けをきる。

2 フライパンにサラダ油を中火で熱して豚肉を炒め、色が変わったら、にんじん、玉ねぎ、キャベツの順に加えて炒める。

3 1とＡを加え、ほぐしながらさらに炒める。汁けがなくなったら、塩、こしょうを加える。器に盛って紅しょうがを添え、青のりをふる。

あんかけかた焼きそうめん

両面を焼きつけたそうめんが香ばしい！
魚介のあんをたっぷりかけた本格中華です。

材料（2人分）

そうめん……2束
シーフードミックス（冷凍）……100g
小松菜（3cm長さに切る）……1株分
Ⓐ
長ねぎ（斜め切り）……1/3本分
しょうが（薄切り）……2枚
酒……大さじ1/2
Ⓑ
オイスターソース……大さじ1
しょうゆ……小さじ1
砂糖……少々
ごま油……小さじ2
サラダ油……小さじ4

作り方

1 フライパンにごま油を中火で熱し、Ⓐをさっと炒め、水1カップ、解凍したシーフードミックス、Ⓑを加え、1～2分煮て水溶き片栗粉適量（材料外）でとろみをつける。

2 そうめんは袋の表示通りにゆで、もみ洗いして水けをきる。

3 別のフライパンに半量のサラダ油を熱し、**2**を底一面に広げ、ヘラで押さえながら強火で焼き色をつける。裏返して鍋肌から残りのサラダ油を加え、同様に焼く。4等分に切って器に盛り、**1**をかける。

パッタイそうめん

具だくさんで本場タイに負けないおいしさ！
米麺よりもだんごにならず、炒めやすいですよ。

材料（2人分）

そうめん……3束
卵……2個
Ⓐ
にんにく（みじん切り）……1かけ分
赤唐辛子（みじん切り）……小1本分
Ⓑ
ナンプラー……大さじ1
砂糖……大さじ2
オイスターソース・酢……各小さじ2
もやし……70g
Ⓒ
にら（4cm長さに切る）……1/4束分
桜えび……大さじ3
サラダ油……大さじ1
ピーナッツ（砕く）……適量
レモン（くし形切り）……適量

作り方

1 そうめんは硬めにゆで、もみ洗いして水けをきる。

2 フライパンに半量のサラダ油を熱し、溶いた卵を流していり卵にし、取り出す。残りのサラダ油とⒶを入れて中火でさっと炒め、**1**、水カップ1/4、Ⓑを加え、ほぐしながら汁けがなくなるまで炒める。

3 Ⓒ、いり卵を加えて軽く炒め、器に盛ってピーナッツを散らし、レモンを添える。

ご当地そうめん

其の参

滋賀

焼きさばそうめん

焼きさばで有名な長浜の郷土料理。やや甘めの味つけです。

材料（2人分）

そうめん……2束
さば（三枚おろし）……½尾分
だし汁……2カップ
A しょうゆ……大さじ3
A みりん……大さじ3
A 酒……大さじ3
A 砂糖……大さじ1と½
青ねぎ（小口切り）……適量

作り方

1 さばは血合いに沿って骨を抜き、4等分のそぎ切りにし、魚焼きグリルでこんがり焼く。

2 鍋に、A、**1**を入れて火にかけ、煮立ったら弱火にして10分ほど煮る。

3 そうめんは硬めにゆで、もみ洗いして水けをきり、**2**に加えて1分ほど煮る。器に盛り、青ねぎをのせる。

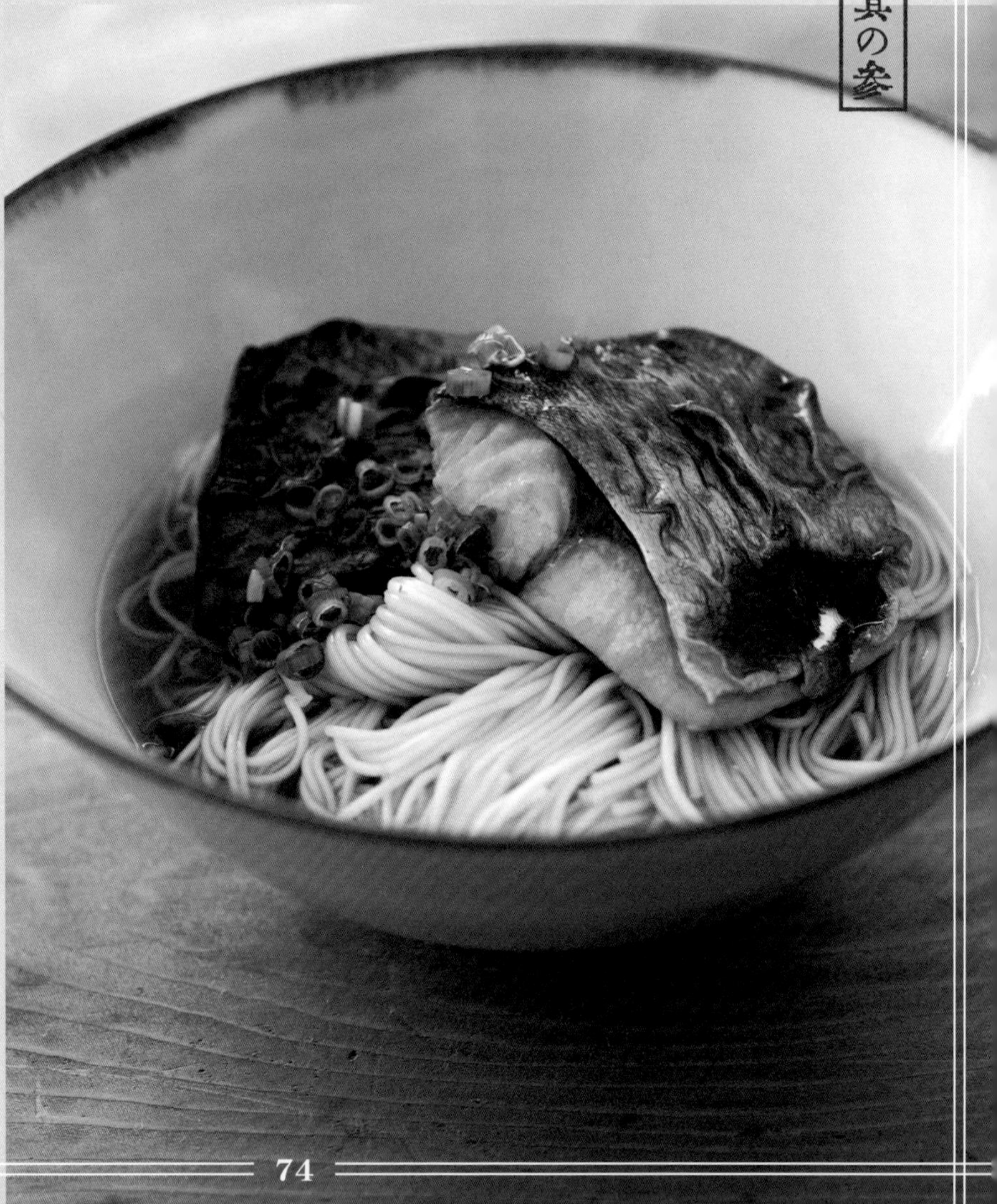

香川

なすびそうめん

お中元に小豆島そうめんが使われる土地柄。
夏野菜のなすとそうめんの絶妙コラボです。

材料（2人分）

そうめん……2束
なす……2本
油揚げ……½枚
Ⓐ
だし汁（煮干しと昆布のだし汁 ➡p.9）……2カップ
うす口しょうゆ・みりん……各大さじ2
砂糖……小さじ1
赤唐辛子……½本
ごま油……大さじ½
しょうが（せん切り）……適量

作り方

1 なすは縦半分に切って皮に斜めに切り目を入れ、くし形に切って5分ほど水にさらし、水けをふく。

2 油揚げは熱湯をかけ、横半分に切って1.5㎝幅に切る。

3 鍋にごま油を中火で熱して**1**を炒め、皮の色が鮮やかになったら、Ⓐ、**2**を加える。煮立ったら弱火にし、落としぶたをして7～8分煮る。

4 そうめんは硬めにゆで、もみ洗いして水けをきり、**3**に加えて1分ほど煮る。器に盛り、しょうがをのせる。

四章

あえそうめん

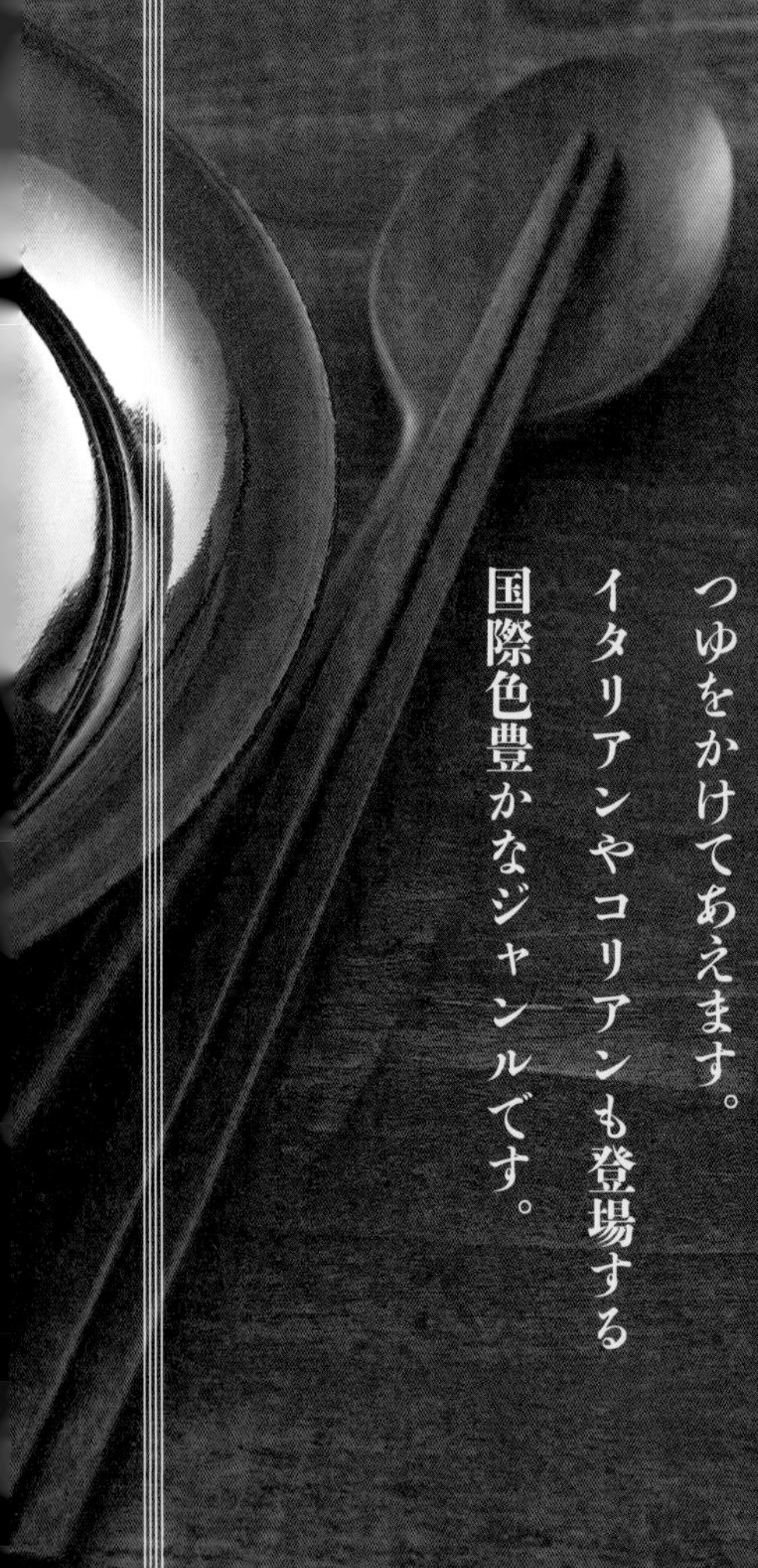

冷やあえめん

冷たいそうめんにソースやたれ、つゆをかけてあえます。
イタリアンやコリアンも登場する
国際色豊かなジャンルです。

ビビンそうめん

辛みと酸味、甘みのバランスが絶妙な
韓国風のたれでそうめんをよ～くあえます。

材料（2人分）

そうめん……3束

◎たれ

- コチュジャン……大さじ2
- しょうゆ……大さじ1
- ごま油……小さじ2
- レモン汁……小さじ2
- はちみつ……小さじ2
- おろしにんにく……$\frac{1}{2}$かけ分

ゆで卵……1個

春菊……1～2本

糸唐辛子（あれば）……少々

作り方

1 ボウルにたれの材料を入れて混ぜ合わせる。

2 ゆで卵は半分に切り、春菊は葉を食べやすい大きさにちぎる。

3 そうめんは袋の表示通りにゆで、もみ洗いして水けをきる。**1**に加えてよくあえ、器に盛って**2**と糸唐辛子をのせる。

たこサルサそうめん

たことトマト、ピリッと爽快なサルサソースがそうめんに合うことにびっくり。

材料（2人分）

そうめん……2束
ゆでだこ（薄いそぎ切り）……60g
トマト（5～7㎜角に切る）……1個分
赤玉ねぎ（粗みじん切り）……1/4個分
ピーマン（粗みじん切り）……1/2個分
パクチー（粗みじん切り）……2～3本分
Ⓐ
レモン汁・オリーブ油……各大さじ1
タバスコ……小さじ1/4
塩……小さじ1/2

作り方

1 赤玉ねぎは水にさらし、キッチンペーパーで水けを取る。ボウルに入れ、トマト、ピーマン、パクチーを加える。

2 **1**にⒶ、ゆでだこを加えて混ぜ、冷蔵庫に30分ほどおいて味をなじませる。

3 そうめんは袋の表示通りにゆで、もみ洗いして水けをきる。**2**に加えてあえる。

にらあえめん

アツアツに熱した油をにらにジュッとかけると、香味が引き立って食欲がかき立てられます。

材料（2人分）

そうめん……2束
にら……1/2束

サラダ油・ごま油……各小さじ2

しらす干し……30g

温泉卵……2個
めんつゆ（3倍濃厚）……大さじ1と1/3

作り方

1 にらは細かく刻んで耐熱ボウルに入れる。

2 小さめのフライパンにサラダ油とごま油を入れ、中火にかけて煙が立つまで熱し、**1**にかける。

3 そうめんは袋の表示通りにゆで、もみ洗いして水けをきる。

4 **2**にめんつゆ、**3**、しらす干しを加えてあえ、器に盛って温泉卵をのせる。

アボカド豆腐そうめん

ごまドレッシングとめんつゆで作るごまつゆが、全体をおいしくまとめます。

材料（2人分）

そうめん……3束
アボカド……1/2個
木綿豆腐……1/3丁（100g）
◎ごまつゆ（混ぜ合わせる）
　ごまドレッシング（市販）……大さじ3
　めんつゆ（ストレート）……大さじ3
長ねぎ（みじん切り）……3cm分
レモン（くし形切り）……1/4個分

作り方

1 アボカドは種を除いて皮をむき、豆腐は水けをきり、それぞれ1.5cm角くらいに切る。

2 そうめんは袋の表示通りにゆで、もみ洗いして水けをきる。

3 器に**2**を盛って**1**をのせ、ごまつゆを回しかけ、長ねぎを散らしてレモンを添える。

ベトナム風そうめん

大根とにんじんのなます、焼き肉、
生野菜＋そうめんで作るエスニックヌードル。

材料（2人分）

そうめん……2束
牛こま切れ肉……80g
焼き肉のたれ（市販）……大さじ1
大根（細切り）……80g
にんじん（細切り）……20g
塩……少々
◎つけ汁（混ぜ合わせる）
ナンプラー……大さじ1
水・砂糖……各大さじ2
酢・レモン汁……各小さじ2
赤唐辛子（小口切り）……1本分
サニーレタス（食べやすくちぎる）……1枚分
青じそ（食べやすくちぎる）……5枚分
サラダ油……小さじ1

作り方

1 大根とにんじんに塩をふり、しんなりしたら水けを絞り、つけ汁に5分ほどつける。

2 フライパンにサラダ油を中火で熱し、牛肉を炒め、焼き肉のたれで味つけする。

3 そうめんは袋の表示通りにゆで、もみ洗いして水けをきる。器に盛り、汁けをきった**1**、**2**、サニーレタスと青じそをのせ、**1**のつけ汁をかける。

おろしトマトのイタリアンそうめん

カチカチに凍らせたトマトをすりおろしてソースに！
果肉感のある口当たりがユニークです。

材料（2人分）

そうめん……3束
フルーツトマト（冷凍する）……3個
にんにく（みじん切り）……1/2かけ分
塩……小さじ2/3
バジルの葉……3〜4枚
オリーブ油……適量

作り方

1 フライパンにオリーブ油大さじ1とにんにくを入れ、弱火でゆっくり熱し、香りが立ったら耐熱ボウルに移す。

2 そうめんは袋の表示通りにゆで、もみ洗いして水けをきる。

3 凍ったトマトをすりおろして**1**に加え、塩で味をととのえる。

4 **3**に**2**、ちぎったバジルを加えてあえ、器に盛ってオリーブ油適量をかける。

明太子あえそうめん

そうめんならではの軽い口当たりが好評。
青じそ、青ねぎ、のりとオリーブ油のハーモニーが絶妙です。

材料（2人分）

そうめん……3束
明太子……1腹（60g）
Ⓐ
青じそ（5㎜角に切る）……3枚分
青ねぎ（小口切り）……1～2本分
焼きのり（ちぎる）……全形1/2枚分
オリーブ油……適量

作り方

1 明太子は薄皮を除いてボウルに入れ、オリーブ油大さじ2を加えてほぐす。

2 そうめんは袋の表示通りにゆで、もみ洗いして、水けをきる。

3 **1**に**2**を加えてあえ、器に盛ってⒶをのせる。好みでオリーブ油適量をかける。

温あえめん

冷たいそうめんを温かいソースであえるスタイル。
アツアツでもひんやりでもない
「冷やあつ」が美味。

えびチリそうめん

チリソースの辛みの素は、なんとキムチ！
発酵食品のうまみが加わってそうめんに合う味に。

材料（2人分）

半田めん（➡p.92）……150g
（または、そうめん3束）
むきえび……100g
トマト（2cm角に切る）……小1個分
白菜キムチ（みじん切り）……50g
長ねぎ（みじん切り）……1/4本分

Ⓐ
トマトケチャップ……大さじ1と1/2
砂糖……小さじ2
鶏がらスープの素……小さじ1/2
塩……少々

サラダ油……大さじ1/2
パクチー（ざく切り）……3〜4本分

半田めんはやや太めであえめんによく合います。

作り方

1 えびは背ワタを取り、洗って水けをふく。

2 フライパンにサラダ油を熱して**1**と長ねぎを炒める。えびの色が変わったら、水1/2カップ、Ⓐ、キムチを加え、煮立ったら水溶き片栗粉（材料外）でとろみをつける。最後にトマトを加え、一煮立ちさせる。

3 そうめんは袋の表示通りにゆで、もみ洗いして水けをきる。器に盛って**2**をかけ、パクチーをのせる。

カルボナーラそうめん

ソースに火が入り過ぎて失敗しがちなカルボナーラも、このレシピなら大丈夫。

材料（2人分）

そうめん……3束
ベーコン（1cm幅に切る）……2枚分
生クリーム……½カップ
ピザ用チーズ……50g
卵黄……2個
めんつゆ（3倍濃厚）……大さじ1
粗びき黒こしょう……少々

作り方

1 そうめんは袋の表示通りにゆで、もみ洗いして水けをきる。

2 フライパンにベーコン、生クリーム、チーズを入れて中火にかける。チーズが溶けたら火を止め、**1**、卵黄、めんつゆを加えてあえる。

3 器に盛って黒こしょうをふる。

肉みそそうめん

中華の調味料なしで作れちゃう！
油控えめのさっぱりジャージャー麺風です。

材料（2人分）

半田めん（➡p.92）……150g
（または、そうめん3束）
豚ひき肉……100g
玉ねぎ（みじん切り）……1/4個分
レタス（細切り）……50g
おろししょうが……1/2かけ分
Ⓐ
みそ……大さじ1と1/2
しょうゆ・砂糖……各小さじ2
酒……大さじ1/2
サラダ油……大さじ1/2

半田めんは
やや太めであえめんに
よく合います。

作り方

1 フライパンにサラダ油を熱してひき肉と玉ねぎを中火で炒め、肉の色が変わったら、水1/2カップ、Ⓐを加える。2〜3分煮て水溶き片栗粉（材料外）でとろみをつけ、火を止めておろししょうがを加えて混ぜる。

2 そうめんは袋の表示通りにゆで、もみ洗いして水けをきる。器に盛ってレタスをのせ、**1**をかける。

ご当地そうめん

其の肆《し》

福岡

そうめんちり

ご先祖様に
お供えしたそうめんで作る、
糸島の郷土の味です。

材料（2人分）

- そうめん……2束
- 鶏もも肉……160g
- 焼き豆腐……100g
- 白菜……100g
- 玉ねぎ……小½個
- 糸こんにゃく（アク抜きずみ）……50g
- Ⓐ
  - 水……1カップ
  - 酒……大さじ3
- Ⓑ
  - しょうゆ……大さじ3
  - 砂糖……大さじ2
  - みりん……大さじ1と⅓
- ゆずこしょう……適量

作り方

1 鶏肉は余分な脂肪を除き、筋があれば切り目を入れ、2〜3㎝角に切る。

2 焼き豆腐は半分に切って1㎝幅に切る。白菜は一口大に切り、玉ねぎは繊維に直角に1㎝幅に切る。糸こんにゃくは5〜6㎝長さに切る。

3 鍋に**1**とⒶを入れて中火にかけ、煮立ったらアクを取って弱火で5分ほど煮る。**2**、Ⓑを加え、ふたをして6〜7分煮る。

4 そうめんは硬めにゆで、もみ洗いして水けをきる。**3**に加えて1分ほど煮る。器に盛り、ゆずこしょうを添える。

宮崎

そうめんみそ汁

折ったそうめんをみそ汁の具に。
宮崎に限らず広範囲で親しまれています。

材料（2人分）

そうめん……½束
だし汁（煮干しと昆布のだし汁 ➡p.9）……1と¾カップ
なす……1本
麦みそ……大さじ1と½
青ねぎ（小口切り）……大さじ1

作り方

1 なすは皮を縞にむき、縦半分に切って半月切りにし、5分ほど水にさらす。

2 鍋にだし汁、水けをきった**1**を入れ、ふたをして中火で2～3分煮る。そうめんを半分に折って加えてほぐし、1分30秒ほど煮る。

3 みそをこしながら溶き入れて味をととのえる。器に盛り、青ねぎをのせる。

そうめんQ&A

そうめん好きとしては押さえておきたい基本情報。
いくつ知っていますか？

Q いつ頃からあるの？

A 最初に中国から伝来したのは奈良時代といわれ、生地に油を塗って延ばす製法は鎌倉時代に禅僧の住来によって伝わり、室町時代初期に現在の手延べそうめんの製法が完成したようです。戦国時代までは奈良や京都など限られた土地で作られていたそうめんが各地に広まったのは、江戸時代になってからでした。

Q ひやむぎとはどこが違うの？

A そうめんは長径1.3㎜未満、ひやむぎは長径1.3〜1.7㎜とJAS規格（日本農林規格）で定義されています。でも、これは機械生産に限ったこと。手延べの場合、長径1.7㎜未満は「手延べひやむぎ」または「手延べそうめん」とされ、つまり手延べならばそうめんとひやむぎにはっきりした違いはありません。

Q どうやって作るの？

A 小麦粉に塩水を加えて練った生地に油を塗り、寝かせて熟成させます。生地に「縒《よ》り」をかけながら細く長く引き延ばし、吊るして乾燥させた後、長さ19㎝に切ります。この引き延ばす工程や干す工程を手作業でしたものが「手延べ」そうめん。生地を低温でゆっくり発酵させるとおいしくなるため、伝統的に冬場に製造されています。

Q 極細のそうめんは？

A 熊本県熊本市で作られている「肥後手延そうめん　ゆきやぎ」は糸のように極細。驚くのは細さだけではありません。なんとゆで時間が18〜19秒！　あっという間にゆで上がり、食べるとコシの強さにまたびっくり。

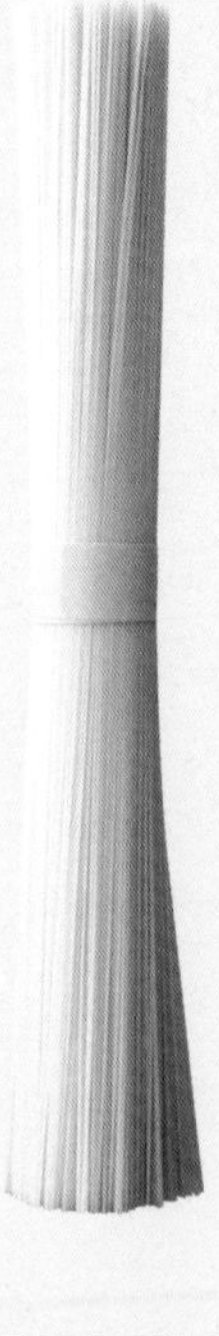

Q 古くなるとおいしい、というのは本当？

A そうめんの保存期間は1～3年。昔から梅雨を越したものは「古物《ひねもの》」と呼ばれ、珍重されました。そうめんは冬に作られ、時間とともに油けや水分が抜け、高温多湿の梅雨時には蔵の中で発酵熟成されます。これによって新物よりコシが強くなり、シコシコした口当たりになるのだそうです。今も「古物」は販売されているので、食べ比べてはいかがですか。

Q 同じメーカーでも帯の色が違うものは？

A そうめんを束ねた帯の色やマーク、表示をよく見ると同じメーカーでもいろいろ。たとえば「揖保乃糸」は小麦粉の質やめんの太さ、製造時期などによって等級があるそうです。写真は左から、上質の小麦粉を使った太さ0.65～0.70㎜の「特級品」。おなじみの赤帯は太さ0.70～0.90㎜。右は北海道産小麦粉使用、太さ1.10～1.50㎜の「太づくり」。

Q 変形のそうめん、どうやって食べる？

A そうめんを作る工程で出る切れ端を、その形から、節《ふし》、バチ、曲がりなどと呼びます。産地ではよく売っていて、地元ではすまし汁やみそ汁、鍋物に加えることが多いようです。

そうめんの節のすまし汁

材料（2人分）

- そうめんの節……20g
- 大根……25g
- にんじん……15g
- 生しいたけ……1枚
- Ⓐ だし汁……1と1/2カップ
- Ⓐ 酒……大さじ1/2
- Ⓑ 塩……少々
- Ⓑ うす口しょうゆ……少々
- 青ねぎ（小口切り）……1本分

作り方

1. 大根、にんじんはいちょう切りにする。しいたけは半分に切って薄切りにする。
2. 鍋にⒶ、1を入れ、ふたをして中火にかけ、煮立ったら弱火にして4～5分煮る。
3. 節を加えて2～3分煮て、節がやわらかくなったら、Ⓑで味つけし、青ねぎを加える。

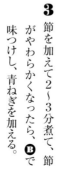

全国そうめんマップ

産地は西高東低

そうめんの製法は仏教とともに中国から伝わったので、昔からの産地は西日本が中心です。

❶宮城県・白石市
「白石温麺《しろいしうーめん》」
長さ9㎝のちょっと太めのそうめん。油を使っていないのが最大の特徴。コシが強く、温かくしても冷たくしても美味／きちみ製麺。

❷富山県・砺波《となみ》市
「大門《おおかど》素麺」
長いそうめんをまげのように丸めた形。コシがあり、温かくしてものびにくい。ゆでるときにバキッと半分に割る／JAとなみ野。

❸奈良県・桜井市
三輪素麺「三輪の誉《ほまれ》」
三輪は手延べそうめんのルーツ。お伊勢参りの人たちによって全国各地へ伝わった。帯の鳥居マークが目印／三輪素麺工業協同組合。

❹兵庫県・たつの市
播州《ばんしゅう》「揖保乃糸《いぼのいと》」
「揖保乃糸」は全国的なブランド。県南西部の3市2町の組合員によって作られ、すべてを組合が一元管理している／兵庫県手延素麺協同組合。

❺香川県・小豆島
「島の光」
生地を延ばすのにごま油を使うのが特徴。特産のオリーブを生地に練り込んだ緑色のそうめんもある／小豆島手延素麺協同組合。

❻徳島県・つるぎ町
「半田めん」
通常より0.3～0.5㎜ほど太く、そうめんとひやむぎの中間の太さ。コシがあってのびにくく、食べごたえ満点／小野製麺。

❼愛媛県・東温《とうおん》市
「五色《ごしき》そうめん」
1635年より作られ、松山名物として将軍に献上されていた由緒あるそうめん。美しい色は天然原料による／五色そうめん。

❽長崎県・南島原市
「島原手延素麺」
江戸時代からそうめん作りが盛んで、長崎県の手延べそうめん生産量は全国でもトップクラス。近年、輸出にも力を入れている／島原手延素麺組合連絡協議会。

ゆでたそうめんが余ったときは

リメイクレシピ

味つけ、食感、形を変えてリメイクすれば「また、そうめん？」なんていわせません。

そうめんサラダ

マカロニサラダより口当たりがやわらかくあっさりして美味。

材料（2人分）

ゆでたそうめん……150g（1束分）
ロースハム（1～1.5cm四方に切る）……2枚分
きゅうり……$\frac{1}{3}$本
玉ねぎ……$\frac{1}{8}$個
マヨネーズ……大さじ3～4
塩・こしょう……各適量
ミニトマト……2個

作り方

1 きゅうりは小口切りにして塩少々をふり、しんなりしたら水けを絞る。玉ねぎは薄切りにし、水にさらして水けを取る。

2 そうめんは食べやすい長さに切ってほぐす（固まってほぐしにくいときは、水少々をふってほぐす）。

3 ボウルに**1**、**2**、ハムを入れ、マヨネーズを加えてあえ、塩、こしょうで味をととのえる。器に盛り、半分に切ったミニトマトを添える。

そうめんチヂミ

小腹がすいたときのおやつやおつまみに。軽い食べごたえでもたれません。

材料（2人分）

ゆでたそうめん……150g（1束分）

Ⓐ
- 卵……1個
- 小麦粉・水……各大さじ3
- 塩……小さじ$\frac{1}{4}$

にら（3㎝長さに切る）……$\frac{1}{4}$束分

ごま油……大さじ$\frac{1}{2}$

酢・しょうゆ……各適量

一味唐辛子……適宜

作り方

1 ボウルにⒶを入れ、ダマがなくなるまで混ぜる。そうめん、にらを加え、ほぐすように混ぜる。

2 フライパンにごま油を熱し、**1**を丸く平らに広げ、色づくまで両面を焼く。

3 食べやすい大きさに切って器に盛り、酢としょうゆを混ぜて添える。好みで一味唐辛子をつけてもよい。

そうめん春巻き

オイスターソース味のしみたそうめんとパリッと揚げた春巻きの皮が絶妙の相性。

材料（4本分）

ゆでたそうめん……150g（1束分）
春巻きの皮……4枚
Ⓐ 豚薄切り肉（細切り）……30g
Ⓐ ゆでたけのこ（細切り）……30g
Ⓐ 生しいたけ（薄切り）……1枚分
Ⓑ オイスターソース……大さじ1/2
Ⓑ 酒……大さじ1/2
塩・こしょう……各少々
サラダ油……適量

作り方

1 フライパンにサラダ油大さじ1/2を熱してⒶを炒め、肉の色が変わったら、塩、こしょうをふり、そうめんを加える。Ⓑを加えてほぐしながら炒め、バットなどに広げて冷ます。

2 春巻きの皮で**1**を包み、包み終わりを水溶き小麦粉（材料外）で留める。

3 フライパンにサラダ油大さじ2～3を熱し、**2**をきつね色に揚げ焼きする。

満留邦子

みつどめ・くにこ

料理研究家、管理栄養士。流しそうめん発祥の地といわれる宮崎県生まれ。書籍や雑誌、テレビ・ラジオ番組の出演、企業のレシピ開発、料理教室など食に関するさまざまなシーンで活躍。著書に『今日のうどん』『料理が楽しくなる圧力鍋レシピ』（成美堂出版）がある。
https://www.mitsudome.jp/

撮影協力

松岡工房（松岡ようじガラス作品）　https://ameblo.jp/matsuoka-glassworks/

取材協力

きちみ製麺　https://tsurigane.com
五色そうめん　https://goshiki-soumen.co.jp/
JAとなみ野農業協同組合大門素麺事業部　https://www.ja-tonamino.jp
島原手延素麺組合連絡協議会　https://cert.minamishimabara-somen.jp
小豆島手延素麺協同組合　https://www.shimanohikari.or.jp
手延半田めん小野製麺　https://www.handamen.com/
奈良県三輪素麺工業協同組合　https://www.miwasoumen-kumiai.com
兵庫県手延素麺協同組合　https://www.ibonoito.or.jp

撮影■邑口京一郎
デザイン■河内沙耶花（mogmog Inc.）
料理制作助手■川崎泰代
校正■堀江圭子
編集制作・スタイリング■野澤幸代（MILLENNIUM）
企画・編集■川上裕子（成美堂出版編集部）

のどごし自慢の絶品そうめん

著　者　満《みつ》留《どめ》邦《くに》子《こ》
発行者　深見公子
発行所　成美堂出版
〒162-8445　東京都新宿区新小川町1-7
電話(03)5206-8151　FAX(03)5206-8159
印　刷　大日本印刷株式会社

ISBN978-4-415-33419-6
落丁･乱丁などの不良本はお取り替えします
定価はカバーに表示してあります

＊ 本書は2016年発行の『そうめん The SOMEN recipe book』の内容を加筆・再編集したものです。